昆虫探秘

童心 编绘

化学工业出版社
·北京·

编写人员：

王艳娥　王迎春　康翠苹　崔　颖　王晓楠　姜　茵　李佳兴　丁　雪　李春影
董维维　陈国锐　寇乾坤

图书在版编目（CIP）数据

童眼识天下. 昆虫探秘 / 童心编绘. —北京：化学工业出版社，2018.8（2023.7重印）
ISBN 978-7-122-32491-7

Ⅰ.①童…　Ⅱ.①童…　Ⅲ.①科学知识-少儿读物
②昆虫-少儿读物　Ⅳ.①Z228.1②Q96-49

中国版本图书馆CIP数据核字（2018）第136485号

责任编辑：隋权玲　　　　　　　　　　　　　　文字编辑：焦欣渝
责任校对：王　静　　　　　　　　　　　　　　装帧设计：尹琳琳

出版发行：化学工业出版社（北京市东城区青年湖南街13号　邮政编码100011）
印　　装：北京印刷集团有限责任公司
889mm×1194mm　1/24　印张4　2023年7月北京第1版第4次印刷

购书咨询：010-64518888　　　　　　　售后服务：010-64518899
网　　址：http://www.cip.com.cn
凡购买本书，如有缺损质量问题，本社销售中心负责调换。

定　　价：22.80元　　　　　　　　　　　　　　　　　　　版权所有　违者必究

前言
FOREWORD

你知道昆虫吗？它们的祖先早在几亿年前就出现在了地球上。作为世界上最古老的种族之一，昆虫经过亿万年的演化，如今的它们已经是世界上最繁盛的家族，不管是种类，还是数量，又或者是分布范围，皆为世界之最！

昆虫的世界是神秘的，几乎每一种昆虫都有属于自己的"小秘密"：出去寻找蜜源的蜜蜂为什么要在蜂巢前跳舞？蚂蚁为什么要保护对农业有危害的蚜虫？蟑螂的生命力究竟有多么顽强？所有蚊子都是"吸血鬼"吗？为什么说竹节虫是世界上身体最长的昆虫之一？……

我的天啊！没想到小小的昆虫身上，居然隐藏着这么多的秘密！你难道不想去探寻这些秘密吗？很简单，翻开《昆虫探秘》，让我们一起来了解和认识昆虫背后的点点滴滴。

目录 CONTENTS

庞大的昆虫家族 ... 6	色彩斑斓的蝴蝶 ... 26
生命力顽强的蝗虫 ... 8	酿蜜能手——蜜蜂 ... 30
爱搓脚的苍蝇 ... 10	害虫天敌——七星瓢虫 ... 34
嗡嗡叫的蚊子 ... 12	小个子的大力士——蚂蚁 ... 38
眼睛最多的昆虫——蜻蜓 ... 14	夏天的"歌唱家"——蝉 ... 42
繁殖能力强大的蟑螂 ... 18	不怕脏的"清道夫"——蜣螂 ... 46
扑火的飞蛾 ... 20	会发光的萤火虫 ... 48
"举刀祈祷"的螳螂 ... 22	爱打架的蟋蟀 ... 50
伪装高手——毛毛虫 ... 25	长着"牛角"的天牛 ... 52

会吐丝结茧的蚕	54
寿命短暂的蜉蝣	56
危害植物的蚜虫	58
会释放臭气的椿象	60
树林杀手——吉丁虫	62
会唱歌的伪装者——螽斯	64
机智的隐身大师——竹节虫	68
吸血善飞的牛虻	72
威武强壮的独角仙	74
叩头求饶的叩头虫	76
善于跳跃的寄生者——跳蚤	78
长着"象鼻子"的象鼻虫	80
会"隐身术"的中华剑角蝗	82
爱挖洞穴的蝼蛄	83
喜欢黑暗的地鳖	84
天生的陶匠——黄蜂	85
水中霸王——田鳖	88
建筑大师——白蚁	90
轻盈的舞者——水黾	92
噪声之王——划蝽	94
长着怪眼睛的突眼蝇	96

庞大的昆虫家族

昆虫种类繁多、形态各异，是地球上数量最多的动物群体，但并不是每一只小虫虫都能进入昆虫家族。那什么样的虫虫才是昆虫呢？我们一起来认识一下吧。

什么是昆虫？

首先，昆虫的身体由头部、胸部和腹部三部分组成，而且头部不能分节；其次，昆虫在长大的过程中会蜕去旧皮，长出新皮，不会蜕皮的虫虫不是昆虫；再次，昆虫通常长着三对脚；另外，昆虫的头上有一对触角。

地球上有多少种昆虫？

世界上到底有多少种昆虫呢？这个问题可不好解答。不过，在许许多多昆虫学家的辛勤努力下，人类已经发现并命名了100多万种昆虫。不过，自然界那么大，说不定在哪个角落还生存着人类尚未发现的昆虫呢！

昆虫秘密档案

昆虫适应能力非常强，可以在恶劣的环境下生活。它们的身体比较小，对食物的要求也就比较少。更重要的是，与其他动物相比，昆虫的繁殖能力非常出众。因此，昆虫的分布非常广泛。

生命力顽强的蝗虫

蝗虫是害虫，它们是破坏专家，会把农民伯伯辛苦劳动的成果吃个精光。不仅如此，蝗虫的生命力还非常顽强，它们能在各种环境中生存，真是让人头疼。

动物名片

- 体长：4~5厘米
- 食性：植食（如杂草、农作物等）
- 分布：地球上除南极洲以外的大部分地区

蝗虫的后腿强壮有力，十分适合跳跃。如果遇到危险，蝗虫可以轻巧地用跳跃躲开袭击。

昆虫秘密档案

雌蝗虫找到满意的产卵地后，就会伸出产卵器，插进土里，这时候，它们的产卵器伸得甚至比身体的两倍还要长。雌蝗虫将卵产下之后，会用土把卵盖住，确保宝宝们的安全。

可怕的集体行动

"集体力量大",这句话放在蝗虫的身上真是再合适不过了。当蝗虫只有几只或者几十只的时候,并不会构成什么威胁。但是,如果有几十万、上百万、上千万只蝗虫成群飞来,它们每经过一个地方,庄稼都会被破坏得一片狼藉,甚至寸草不生。

蝗虫后翅宽大、柔软,是非常可靠的飞行器。

爱搓脚的苍蝇

苍蝇很不讨人喜欢,它们贪吃极了,总是会停留在食物上不停地偷吃。不过它们反应迅速,而且擅长飞行,想要捉住它们可没那么容易。

动物名片
- **体长**:5~6毫米
- **食性**:杂食(如剩饭、腐肉、粪便等)
- **分布**:全世界

苍蝇为什么爱搓脚?

苍蝇很喜欢搓脚,它们为什么会有这样的爱好呢?原来,苍蝇的味觉器官长在脚上,当它们发现食物后总会用脚去尝尝鲜,于是它们的脚上沾满了各种食物,这样不仅会影响味觉,还不利于飞行。所以,苍蝇常常会停下来把脚搓干净。

昆虫秘密档案

苍蝇脚上的绒毛能够分泌一种具有黏附力的液体。有了它,苍蝇就能够在光滑的玻璃上表演"杂技"了。

嗡嗡叫的蚊子

"嗡嗡嗡"——我是一只蚊子,你对我一定很熟悉。夏天和秋天的夜晚,我和同伴们总会去拜访人类朋友,他们的血是我们最喜欢的食物。不过人类似乎并不欢迎我们。

动物名片
- 体长:大部分种类小于1.5厘米
- 食性:通常雌蚊以血液为食;雄蚊以植物汁液为食
- 分布:全世界

谁是"吸血鬼"?

人吃饭的时候要用嘴,而昆虫的嘴就是口器。蚊子的口器就像是一根细细的注射器的针头,这种口器叫作刺吸式口器。有了它,蚊子就可以轻松刺进皮肤,一口气吸个饱。但并不是所有的蚊子都吸血,雄蚊子就是素食主义者,它们更喜欢吸食植物的汁液。

其实不会叫

听到"嗡嗡嗡"的声音,人们就会发现蚊子来了。其实这个声音并不是蚊子的叫声,而是蚊子翅膀振动的声音。在飞行时,蚊子翅膀每秒钟能振动600次左右呢。

昆虫秘密档案

蚊子的腿又细又长,身体也十分轻盈,只有几毫克重。所以,蚊子落到我们身上时,我们一点也感觉不到。

眼睛最多的昆虫——蜻蜓

瞧，一只蜻蜓从空中飞过。它有着透明的网状翅膀，纤细修长的身材，虽然没有蝴蝶的艳丽，但也独具特色。不仅如此，蜻蜓还是昆虫界的"捕虫高手"呢。

动物名片

- **体长**：可达8厘米
- **食性**：肉食（食蚊及其他对人有害的昆虫）
- **分布**：全世界

数数蜻蜓几只眼

蜻蜓有两只又大又鼓的复眼，复眼由大约28000只小眼组成，这让蜻蜓成为世界上眼睛最多的昆虫。不仅眼睛多，蜻蜓的视力也非常好，而且还能测速呢！

害虫，我来了！

蜻蜓的视力非常好，不用转头就能看到各个方位的物体。蚊子、苍蝇经过时，自然难逃蜻蜓的"法眼"。所以，很多小害虫一见到蜻蜓，就会吓得落荒而逃。

昆虫秘密档案

原来，蜻蜓点水是在产卵呢！蜻蜓的幼虫要生活在水里，于是蜻蜓妈妈会用尾巴点水的方法把卵排到水中。

帝王伟蜓是世界上最大、力量最强的蜻蜓之一,也是世界蜻蜓飞行纪录的保持者。它们俯冲的最快时速能达到每小时38千米,一般蜻蜓根本无法企及。

蜕皮重生

随着身体增长,蜻蜓幼虫的眼睛和下颚也增大了。这时,它们会在夜晚离开水面,爬到植物的茎上,蜕掉原本干裂的皮肤,以成虫的面貌出现。

小宝宝出生了!

雌蜻蜓将卵产到水里后,蜻蜓卵会孵化出幼虫。蜻蜓幼虫叫"水虿(chài)"长得和蜻蜓一点儿也不像,它们肚子很大,又短又胖。蜻蜓幼虫要在水里生活两年左右,直到经历最后一次蜕皮,变成真正的蜻蜓,才离开水面飞向天空。

条斑赤蜻色彩鲜艳，身体也比较强壮。它们产卵时对水域要求不高，浅塘和水潭都能成为它们后代的生长发育基地。

捕杀其他幼虫

与其他动物幼年期的弱小不同，蜻蜓幼虫从卵内孵化出来后就异常凶狠。在之后两年左右的成长时间里，它们一直以绝对霸道的气势统治着周围水域，捕食小鱼、蝌蚪、水生昆虫和它们的幼虫。

繁殖能力强大的蟑螂

蟑螂有一个外号,叫"小强",这是因为它们虽然个头不大,但是却拥有非常强大的生命力和繁殖能力。

动物名片

- **体长**:4~5厘米
- **食性**:杂食
- **分布**:热带、亚热带、温带地区,生活在野外或室内

古老的蟑螂

蟑螂看着不起眼,但它们却是地球上最古老的昆虫之一,曾经还和恐龙生活在同一个时代呢。神奇的是,几亿年来,蟑螂的外貌并没有什么变化,只是生命力和适应环境的能力却越来越强大了。

不爱阳光爱钻洞

蟑螂比较怕光,非常喜欢阴暗的环境。也正是因为这样,一天中大概有75%的时间蟑螂都在休息,只有夜深人静的时候,它们才会精力充沛地出来活动。另外,它们还有一个爱好——钻进狭小的缝隙和洞里,也许那样会比较有安全感吧。

昆虫秘密档案

蟑螂的嘴可以咬碎各种坚硬的物品。不仅如此,它们忍受饥饿的能力也非常强,就算是不吃不喝,也能存活很久。

扑火的飞蛾

假如在晚上点燃一团篝火,用不了多久,就会有飞蛾绕着火光飞舞,最后竟然扑进篝火中自焚。为什么会这样呢?

动物名片

- **体长**:3厘米左右
- **食性**:一般植食,极少数肉食(成虫吸食花蜜,幼虫会危害农林作物等)
- **分布**:全世界,以热带最为丰富

气味做"红娘"

飞蛾寻找配偶的方式很特别，它们用气味来吸引异性。原来，雌蛾的身上有一种叫作性外激素的化学物质，当雌蛾分泌性外激素的时候，即使距离很远，雄蛾也能敏感地嗅到，然后立刻赶来，寻找自己心仪的对象。

飞蛾扑火的秘密

飞蛾喜欢在晚上行动，月亮就是它们的"路灯"。看到火之后，迷糊的飞蛾就会把火误当作月亮，朝着它飞过去。

蝴蝶和蛾子

一只蝴蝶和一只飞蛾待在一起，你能说出它们之间究竟有多少不同点吗？瞧，蝴蝶的翅膀多好看啊，色彩和花纹都很华丽，它的触角顶端很膨大，就像一个小棒子，它感到累的时候就把两对翅膀合拢，竖立在背上休息。再看这只飞蛾，整个身体都是棕色的，触角像羽毛一样，它累的时候会将两对翅膀平铺着休息。这么说来，飞蛾和蝴蝶的差别可真不小呢。

蝴蝶

飞蛾

"举刀祈祷"的螳螂

螳螂又叫作"祷告虫",这是因为它们常常将前肢举起,就像是祈祷的少女一样,所以才有了这样一个名字。但是,可别被它们虔诚的外表欺骗,它们看上去优雅,但却是凶狠的猎手!

善于伪装

螳螂还有一项本事——伪装。瞧,兰花螳螂能够巧妙地伪装成兰花的样子,一动不动地等待猎物送上门。而枯叶螳螂则会伪装成一片枯叶,看上去和真的枯叶一模一样。

动物名片

- **体长**:5.5~10.5厘米
- **食性**:肉食(各种昆虫)
- **分布**:除极地外,广布世界各地,尤以热带地区种类最为丰富

走近螳螂

螳螂的身材修长，它们的前肢就像两把大刀，上面长着一排锯齿，坚硬又锋利，末端还长着小钩子，可以轻松地将猎物钩住。相比之下，它们三角形的头显得很小，不过却十分灵活，能够自由地转动。

螳螂从扑向猎物到成功捕获，只需0.05秒的时间，真是名副其实的"快刀手"！

凶残好斗的益虫

螳螂是益虫,它们能消灭很多害虫,像蝗虫、苍蝇、蚊子这些家伙都是它们喜欢的美味。不过,螳螂残暴好斗,有的种类还敢向小鸟和蜥蜴这些小动物发起攻击。

昆虫秘密档案

在螳螂的世界中,雌性比雄性更强大。雌螳螂不仅吃得比雄螳螂多,而且捕食的能力也更强。最让人吃惊的是,有时雌螳螂在交配之后,可能会因为饥饿,将自己的新婚丈夫无情吃掉,为自己补充能量。

伪装高手——毛毛虫

毛毛虫真是太能吃了，它们从出生开始，就一刻也不停嘴。可这并不是因为贪吃，而是因为它们要快点长大。毛毛虫长大后，有的会变成蝴蝶，有的会变成飞蛾。

动物名片

- 食性：植食（如植物叶子或植物的汁液等）
- 分布：全球各地

毛毛虫的嘴就像一把剪刀一样，能够把叶子切得碎碎的，还能把食物磨细。

多种多样的伪装术

毛毛虫没有翅膀，不会飞行，它们只会慢吞吞地蠕动，行动非常迟缓。那么它们该怎么保护自己呢？其实，毛毛虫很聪明，它们会用伪装来保护自己的安全。有的毛毛虫身上带着眼睛一般的花纹，可以恫吓、迷惑捕食者；有的毛毛虫身上长着有毒、细长的刺毛，警告捕食者不要靠近；还有的毛毛虫身体的颜色会和周围环境融为一体，避免被敌人发现……

色彩斑斓的蝴蝶

蝴蝶是昆虫界的"大美人",它们身姿飘逸,颜色鲜艳,有着五彩斑斓的花纹。想和漂亮的蝴蝶成为好朋友吗?那就先从了解它们开始吧!

美丽翅膀的秘密

蝴蝶翅膀上的图案丰富多彩,令人赞叹不已。蝴蝶之所以这么靓丽,主要就是依靠翅膀上鳞片的颜色。在显微镜下,鳞片一行一行地排列着,整整齐齐的样子像是屋顶上的瓦片。这些鳞片是"一次性"生长的,一旦脱落就再也长不出来了。

动物名片

- 体长:展翅0.7~30厘米
- 食性:植食(如植物叶子、果实、花蜜等)
- 分布:美洲、非洲、亚洲

花丛中飞来飞去

蝴蝶经常在花丛中飞来飞去,其实,它们是被花儿中的花蜜吸引。要知道,那可是蝴蝶最爱的食物了。当然,蝴蝶也不会白白采集花蜜,它们还会顺便帮花儿们传递花粉,所以,花儿们很欢迎蝴蝶来做客呢。

昆虫秘密档案

蝴蝶翅膀上面的鳞片含有油性的脂肪,具有防水的作用,所以,蝴蝶在小雨中也能飞行。

蝴蝶将翅膀合拢起来,竖在了背上,原来蝴蝶是在休息呢。

蝴蝶的触角非常有趣,形状就像一根小棒子,而且顶端还会膨大起来,像顶着一个小豆粒似的。

无声的飞行

蝴蝶扇动翅膀的频率真是太低了,已经远远超出了我们的听力范围,所以在我们眼中,蝴蝶就成为了安静无声的飞行者。

变态

蝴蝶与蛾一样,都有4个不同的生长阶段。最初是从卵中孵化出幼虫,这个时期,因为处在长身体的关键阶段,所以它们特别能吃。等身体不再生长时,幼虫便停止进食,安静地化成蛹,进入休眠期,不吃不喝。之后,蛹内的幼虫发生彻底蜕变,羽化成蝴蝶成虫。

酿蜜能手——蜜蜂

"小蜜蜂,嗡嗡嗡,飞到西,飞到东……"蜜蜂真勤劳,我们经常能看到它们忙碌地飞来飞去,它们在忙什么呢?我们快来一起看看吧!

谁最勤劳?

每个蜜蜂家庭中都有三类成员:蜂王、工蜂和雄蜂,它们的分工非常明确。工蜂是最勤劳的,也是数量最多的,它们不仅要建造和保卫蜂巢,还要采集花蜜、花粉,酿造蜂蜜,就连照顾幼蜂的工作也是由它们负责的,真是太忙碌了!

动物名片

- 体长:4~5厘米
- 食性:植食(如杂草、农作物的花粉、花蜜等)
- 分布:世界上除南极洲以外的大部分地区

蜂王和雄蜂的生活

和众多的工蜂相比，一个蜂巢里通常只有一只蜂王，它的主要任务就是产卵，完成繁衍后代的任务。雄蜂的职责是在繁殖季节和蜂王交配，交配后即会死去。那些没有机会与蜂王交配的雄蜂，整天游手好闲，会在秋天被赶出蜂巢，入冬之前，因为饥饿、寒冷而死。

舞蹈密码

蜜蜂大军采蜜前，"花蜜侦察员"会提前出动。侦察蜂发现合适蜜源后，就会带上一些花蜜"样本"，飞回巢穴，通过舞蹈告诉同伴们蜜源的位置。如果侦察蜂跳起圆圈舞，表示蜜源离蜂巢很近；如果跳起8字舞，就是说蜜源离得比较远。在跳舞时，如果侦察蜂的头朝上，那表示蜜源在向着太阳的方向；如果头向下，那么蜜源就在背着太阳的方向。

蜂蜜是怎么来的？

　　蜂蜜是蜜蜂一点一滴辛苦酿造出来的！当蜜蜂停在花上时，它会伸出细管子一样的"舌头"。"舌头"一伸一缩，花蜜便流进了蜜囊。直到把蜜囊装满，蜜蜂才会返回巢穴。它们把花蜜交给内勤蜂，内勤蜂会把甜汁吸到自己的蜜胃里进行调制，然后再吐出来，经过反复的酿制，才会产出香甜的蜂蜜。

昆虫秘密档案

　　蜜蜂的腹部末端长着有毒的螫(shì)针，那是它们最厉害的武器。但当它们将毒针螫在敌人身上的时候，内脏也会被毒针上的倒钩拖出来，它们会因此付出生命的代价。

冬天也不怕

蜜蜂只有在冬天才能短暂地休息一下。只不过，冬天那么冷，小蜜蜂们会不会被冻坏呢？别担心，蜜蜂可聪明了，它们会紧紧地抱在一起，形成一个"蜂团"相互取暖。它们还会不断交换里外的位置，让每一只蜜蜂都能享受到温暖。

害虫天敌——七星瓢虫

"身体是个半球形,背上背着七颗星。蚜虫见它就害怕,棉花丰收全靠它。"大家知道这说的哪一种昆虫吗?告诉你吧,它就是七星瓢虫。

瓢虫有七星

你见过盛水的水瓢吗?瓢虫的形状看上去和水瓢很像,因此而得名。而七星瓢虫,顾名思义,它的背上长着七个斑点,就像是七颗小星星似的。

动物名片

- 体长:0.5~0.7厘米
- 食性:肉食(如麦蚜、棉蚜等害虫)
- 分布:亚洲、欧洲

瓢虫家族

七星瓢虫有很多瓢虫小伙伴，它们都是瓢虫大家族的成员，但并不是所有瓢虫都像七星瓢虫一样是益虫，它们中有的竟然是可恶的害虫呢。那该怎么分辨呢？告诉你吧，只有十星瓢虫、十一星瓢虫、二十八星瓢虫是害虫，其他瓢虫都是是消灭害虫的益虫。

当七星瓢虫遇到危险时,它脚上的关节就会分泌出一种味道非常难闻的黄色液体,敌人受不了那难闻的气味,就被熏走了。

我是"活农药"

七星瓢虫是益虫，专门捕捉害虫，麦蚜、棉蚜、槐蚜、介壳虫、壁虱等害虫都是它的猎物。一只七星瓢虫一天能吃掉130多只蚜虫呢！有了七星瓢虫这个害虫天敌在，农作物就不用再惧怕被害虫侵害了。

昆虫秘密档案

七星瓢虫还会用假死的方式来逃脱危险。当发现有敌人逼近时，它会忽然从树上掉到地上，把脚收回到肚子底下，一动不动地躺着，就像死去了一样。不喜欢吃尸体的"猎手"见到这种情况，就会离开了。

小个子的大力士——蚂蚁

蚂蚁在我们的生活中随处可见,但是你知道吗?它们有很多厉害的本事呢!让我们拿起放大镜,好好观察一下可爱的小蚂蚁吧!

动物名片

- 体长:工蚁约0.3厘米,雄蚁约0.5厘米,雌蚁约0.6厘米
- 食性:杂食
- 分布:全世界(南极洲除外)

小小的大力士

蚂蚁是有名的大力士,它们能举起超过自身体重上百倍的东西,可以拖走超过自身体重上千倍的物体!蚂蚁的力气怎么这么大呀?这要感谢它们神奇的腿部肌肉。蚂蚁的肌肉就像一台发动机一样,能给蚂蚁提供非凡的力量。

昆虫秘密档案

蚂蚁实在是太轻了,它们从高处掉下来的时候,速度是慢悠悠的,所以根本不会给身体造成任何伤害。

蚂蚁搬家的秘密

每当要下雨的时候,蚂蚁们就会匆匆忙忙地搬家。因为下雨之前,水汽增多,空气中的湿度会变大,生活在地下的蚂蚁能够灵敏地感知这一变化,为了避免自己的家被雨水淹没,蚂蚁会赶紧搬到高处去。

蚂蚁家族的分工

蚂蚁家族的成员都有不同的分工，蚁后体形最大，它的主要任务就是产卵。雄蚁的任务就是和蚁后生育蚂蚁宝宝。而工蚁的数量最多，也是最忙碌的，它们每天四处奔走，为大家带回食物，还要承担维护蚁穴等重要工作。兵蚁的任务则是保护大家，一旦敌人来犯，它们就会立刻反击。

建筑专家

蚂蚁称得上是昆虫界的建筑精英呢。蚁穴就像一个地下王国，道路四通八达，还有很多"房间"。这些房间中有蚂蚁的储藏室，里面凉爽通风，食物放在里面不会变质。蚂蚁"优秀建筑师"的称号可是实至名归啊。

夏天的"歌唱家"——蝉

夏天到了，总少不了蝉的鸣叫，那一声声激昂动听的歌声，陪伴我们度过了炎热的夏季。

动物名片

- 体长：2~5厘米
- 食性：植食（幼虫吸食植物根部的汁液，成虫吸食植物上部的汁液）
- 分布：温带、热带地区

歌唱家的秘密

雄蝉是怎么发出声音的呢？这就要说说它们的特殊工具——腹部的"发音器"了。雄蝉的发音器就像一面大鼓似的，不仅能够连续不断地发出声音，而且发出的声音非常洪亮。

歌声有变化

　　蝉的歌声可不是单一不变的。当遭遇危险或受到惊吓的时候，蝉就会发出凄厉的叫声；当它们在寻找配偶的时候，发出的声音则透着欢快。更有趣的是，蝉也有"方言"，不同地方的蝉叫声也不一样。

昆虫秘密档案

在蝉的世界中，只有雄蝉会唱歌，雌蝉没有发音器，只能做"哑巴妻子"了。但作为补偿，雌蝉却长着听器，能够听到雄蝉的歌声。

危害树木的害虫

　　蝉每天都在不停地为大家歌唱，它们口渴了怎么办？别担心，蝉长着坚硬的口器，可以刺入树干中，吮吸树的汁液。不过这对树木来说可不是什么好事，如果被吸走的树汁太多，树木就会干枯。所以，蝉虽然是大名鼎鼎的歌唱家，但也是危害树木的害虫。

漫长的地下生活

蝉的一生几乎都是在黑暗的地下度过的。它们刚从卵里被孵化出来的时候，还是树枝上的小小幼虫，风一吹，就轻飘飘地落到地面上。它们会赶快钻到土里，开始以吸食树根汁液为生的日子。这段蛰伏的日子会非常漫长，短的两三年，长的会持续十几年呢。

短暂的地上生活

经历了4~5次蜕皮，蝉终于变成了成虫，能到地面上生活了。不过它们的生命也进入了倒计时——只剩下两个多月了。蝉必须抓紧时间寻找伴侣，然后共同孕育新的生命。

不怕脏的"清道夫"——蜣螂

你知道蜣螂什么样吗?这些昆虫身上披着一件"铠甲",头就像一个铲子,前肢非常矫健,真像是威风凛凛的大将军。

动物名片
- 体长:1~10厘米
- 食性:动物的粪便
- 分布:全世界(南极洲除外)

自然界"清道夫"

蜣螂的食物很特殊,它们竟然以动物的粪便为食!正因为这样,它们有了"屎壳郎"这个名字。在蜣螂们的眼里,这些臭烘烘的粪便可是美味的食物。有了蜣螂分解、食用粪便,环境干净了许多。

丰富的食物储备

蜣螂喜欢将粪便堆积起来,慢慢滚动,制作成一个球的形状,然后把粪球推进自己的洞穴里,慢慢享用。雌蜣螂还会将卵产在粪球里,等蜣螂小宝宝孵化出来之后,它们直接就有丰富的食物来源,不用担心饿肚子了。

昆虫秘密档案

蜣螂具有厉害的导航能力。不仅太阳和月亮会帮助它们寻找方向,就连星星都能成为它们的路标。所以,蜣螂在推着粪球滚动的时候,即使前面的视线都被挡住了,它们也不会迷路。

会发光的萤火虫

萤火虫能发出不同颜色的荧光,它们因此而得名。在夏天的夜晚,一只只萤火虫四处飞舞,它们有的落在草地上,有的飞在半空中,就像是一颗颗小星星,真美呀!

动物名片

- 体长:0.8厘米左右
- 食性:肉食(如蜗牛、小昆虫等)
- 分布:热带、亚热带和温带地区

发光的奥秘

萤火虫的腹部末端长着一个"发光器",里面藏着很多发光细胞,其中最主要的两种物质是荧光素和荧光素酶。这可是一对配合默契的好搭档,萤火虫呼吸的时候,荧光素酶就会帮助荧光素和氧气发生反应,萤火虫就这样发出了光。

光的妙用

光是萤火虫的语言，它们通过荧光相互交流，传递信息。雄萤火虫利用荧光追求雌虫，收到"荧光信号"的雌萤火虫也会及时给予回应。根据这种"荧光信号"，雄萤火虫就飞到没有长翅膀、不会飞的雌虫身边，与它结成伴侣。

昆虫秘密档案

萤火虫发出的光虽然瞧上去亮，但基本没什么热量，而且也不会产生磁场，人们把这种不热的光称为"冷光"。根据萤火虫的冷光原理，人们还发明了冷光灯呢。

爱打架的蟋蟀

昆虫界的歌唱家不少,蟋蟀就是其中之一。不过,蟋蟀这个歌唱家的性格很古怪,它喜欢和同伴打架,这是怎么回事呀?

动物名片

- 体长:大于0.3厘米
- 食性:杂食(如植物根、茎、叶、种子和果实等)
- 分布:世界各地

"同性相斥"

蟋蟀的性格孤僻，喜欢独自生活，只有在繁殖期，雄蟋蟀和雌蟋蟀才会短暂地生活在一起。这时，倘若两只雄蟋蟀遇见了，那可就不得了了，它们可不能容忍别的家伙进入自己的领地，一场恶战就不可避免了。

它用翅膀唱歌

在蟋蟀家族中，只有雄蟋蟀才能鸣叫"歌唱"，而且方式很特别——翅膀一张一合，相互摩擦来发出声音。这个"歌声"是吸引雌蟋蟀的"法宝"，雄蟋蟀会为自己的心上人"唱"出动听的歌。

昆虫秘密档案

蟋蟀发声除了吸引异性，还能表达很多不同的意思——宣示主权、警告闯入者、得胜后的高傲……

长着"牛角"的天牛

你知道吗?有一种"牛"能在天上飞!它就是天牛,是一种会危害树木的昆虫。

天牛的触角很长,甚至超过了它们身体的长度。长触角是天牛的感觉器官,能够帮助它们寻找食物和探测危险。

动物名片

- 体长:0.4~18厘米
- 食性:植食(成虫取食花粉、嫩树皮、嫩枝、叶、根、树汁、果实、菌类等)
- 分布:世界各地

听听天牛的声音

天牛是靠胸部或腹部的摩擦发出声音的。遇到敌人时,天牛就会发出"嘎吱嘎吱"的声响,企图吓退敌人。如果天牛张开翅膀飞起来,我们还能听到"嘤嘤"的声音呢。

可恶的害虫

天牛是害虫,当它们还是幼虫的时候危害最大。这些小家伙刚孵化出来,就会钻进树皮中偷吃,慢慢地还会侵入树干内部,有的还会蛀食树枝甚至树根。受到它们侵害的树木,不仅生长发育会受到影响,还很容易生病,甚至死亡。

会吐丝结茧的蚕

蚕长得白白胖胖，看上去非常惹人喜爱。你知道吗？这些小家伙不仅可爱，而且还有很厉害的本事呢，快让我们来瞧一瞧吧！

动物名片

- 体长：6~7厘米
- 食性：植食（如桑叶）
- 分布：温带、亚热带和热带地区

好胃口

蚕的一生要从一枚卵开始，它们刚孵化出来的时候，长得又黑又小，就像小蚂蚁似的，所以它们这时候叫作"蚁蚕"。用不了多久，它们就能够开始大口大口地吃桑叶了。蚕的食欲特别好，十分能吃，可以昼夜不停地吃桑叶，所以它们生长的速度也很快。

昆虫秘密档案

蚕有一个特殊的身体器官——丝腺。它们就是靠丝腺吐丝的。蚕将桑叶吃进去之后，会将其中的营养成分进行消化和吸收，其中的氨基酸被丝腺储存下来，变成蚕丝，被蚕宝宝"吐"出来。

蚕结茧是为了保护自己，它们要制造一个安全、舒适的环境来完成由蚕变成蛹然后蜕变成蚕蛾的过程。

寿命短暂的蜉蝣

有一种昆虫,它们在地球上生存的历史已经非常悠久,但是生命却非常短暂,它们的名字叫作蜉蝣(fú yóu)。蜉蝣最小的只有几毫米长,如果要仔细观察它们,要在放大镜下才能完成。

动物名片

- 体长:0.3~2.7厘米
- 食性:杂食(如高等水生植物和藻类、水底碎屑)
- 分布:全世界

蜉蝣腹部的末端长着一对很长的尾须,看上去就像长着一条分叉的细长尾巴似的。

短暂的生命

蜉蝣成虫的生命真是太短了,最短的只有一天而已,怪不得人们会用"朝生暮死"来形容它们。尽管如此,蜉蝣却在这仅有的一天生命中完成了最重要的任务——繁衍后代。

不是"短命鬼"

蜉蝣生命短暂指的是它们变成成虫的时候。在此之前,它们还要经历幼虫期,这段时间大概有一年左右。所以说,蜉蝣并不是"短命鬼"。当蜉蝣还是幼虫的时候,它们生活在湖水或溪水中,以水中的藻类和其他植物作为食物,有时也会尝一尝水底的碎屑。

危害植物的蚜虫

拿起放大镜仔细看看，这株植物上有一只只小虫子正贪婪地吸食汁液，它们的名字叫作蚜虫，是危害植物的害虫，而且它们的繁殖速度还非常快，真让人头疼！

轻松进食

蚜虫的嘴就像是一根针，把它插进植物中，不用费劲就能吸到植物的汁液了。可是，蚜虫吃饱喝足了，植物却遭了殃，不仅被吸食了汁液，还可能传染上其他疾病。

动物名片
- 体长：0.1~0.5厘米
- 食性：植食（吸食植物汁液）
- 分布：主要集中在北半球温带和亚热带地区

蚜虫的个头非常小，只有几毫米。

蚂蚁保护我

蚂蚁和蚜虫是一对好伙伴,蚂蚁还会保护蚜虫呢。你一定会感到纳闷,蚜虫是可恶的害虫,蚂蚁为什么要保护它们呢?原来,蚜虫吸食完植物的汁液,就会分泌出一种黏黏的、甜甜的物质,叫作蜜露,那是蚂蚁的最爱。

会释放臭气的椿象

有一种昆虫，竟然能释放臭气！它就是椿象。虽然小朋友对它们可能不太了解，但在动物界，椿象早就"臭名远扬"了。

大部分的椿象都是以植物为食，它们的口器就像一根针，能插进植物中吸取汁液。当口器不使用的时候，椿象就会将口器贴在胸腹部收起来。

动物名片
- 体长：1.8~2.4厘米
- 食性：植食（吸食植物汁液）
- 分布：亚洲、中美洲

哎呀！臭气弹！

椿象还有一个名字，叫作"臭大姐"，它腹部长着臭腺，能分泌一种臭臭的液体，让周围的空气都变臭。如果有敌人袭击，椿象就会立刻释放"臭气弹"，敌人被臭味熏得晕头转向，不能继续进行攻击，椿象就趁机逃走了。

与众不同的翅膀

除了令人恶心的臭气,椿象还有一个特征,那就是与众不同的翅膀。椿象有两对翅膀,它的前翅一半硬硬的,就像皮革,另一半则像一层膜,我们将这种翅膀叫作半鞘翅。

树木杀手——吉丁虫

吉丁虫长得非常漂亮,但是外表光鲜的它实际上却是危害树木的害虫。想知道吉丁虫的更多秘密吗?让我们一起揭开它的面纱吧。

动物名片
- 体长:小的不足1厘米,大的超过8厘米
- 食性:植食(蛀食树木)
- 分布:多数分布于热带地区

吉丁虫长得漂亮极了,它的外表色彩鲜艳,而且还闪耀着金属的光泽,因此得名"彩虹的眼睛"。

"爆皮虫"

吉丁虫还有另外一个名字——"爆皮虫",这是因为它是会危害树木的害虫,不仅会蛀食树木,甚至还能让受害的树木树皮爆裂。

飞行高手爱阳光

吉丁虫非常喜爱阳光,不仅总是在白天活动,就连休息的时候,也总是栖息在树木的向阳一面。它的飞行能力很强,不仅飞得高,还能飞得很远,想要捉住它可不是一件容易的事情。

会唱歌的伪装者——螽斯

螽(zhōng)斯其实就是我们常说的"蝈蝈",它是昆虫界有名的歌唱家,除此之外,它还有不少本领呢,让我们快快进入螽斯的世界一探究竟吧!

我和蝗虫不一样

第一眼看上去,你一定会觉得螽斯和蝗虫长得很像。但是,我们再细细瞧一瞧就会发现,蝗虫的触角又粗又短,但是螽斯的触角却很细,就像丝一样,而且特别长,甚至超过了身体的长度。

动物名片
- 体长:1~5厘米
- 食性:植食性或肉食性,也有杂性种类
- 分布:全世界

弃足而逃

螽斯非常善于跳跃，它的后腿十分发达，遇到敌人时，它会用弹跳的方式来逃跑。更让人惊讶的是，如果一条腿被抓住了，为了保住性命，它会放弃被捉住的腿。

螽斯很善于伪装。叶片螽斯能让自己看上去就像是一片腐败的树叶，上面还有像是被咬过的"小洞"。

摩擦出的歌声

螽斯的叫声总是和夏天一起到来。靠摩擦前翅，螽斯才能"唱"出美妙的歌。一个夏天，螽斯摩擦翅膀的次数就能达到5000万～6000万次呢！

不挑食

螽斯的食物很复杂，它们有的会吃植物的茎叶和果实，有的会捕食小昆虫，胆子大的还会向蝗虫发起挑战，甚至连同类都不放过。

"婚恋曲"演奏开始!

到了恋爱的季节,几只雄性螽斯就会凑在一起,共同演唱求爱的歌曲,它们这样做的目的是要吸引雌性螽斯。这样的"婚恋曲"往往要演奏很长时间,终于,有一只雌螽斯听到了这"爱的呼唤",经过一番考察,它会选择声音最洪亮的雄性螽斯作为自己的恋人。

叫声的作用

当两只螽斯要打架的时候,它们会高唱"战歌",像是在给自己加油鼓劲,也像是在向对方示威。另外,如果发现周围出现了敌情,螽斯还会用叫声向大家发出警报,提醒大家:注意!有危险!

机智的隐身大师——竹节虫

如果不仔细看，你一定发现不了竹节虫，它可是了不起的伪装大师！竹节虫的身材细长，身体上还有竹节似的分节，实在太像草棍或树枝了。

动物名片

- **体长**：1~36厘米
- **食性**：植食（如植物的叶）
- **分布**：全世界，主要分布在热带和亚热带

大部分竹节虫没有翅膀，不过也有例外，少数竹节虫不仅有翅膀，而且翅膀的色彩十分艳丽。当遇到危险时，这些竹节虫就会立刻飞起来，用翅膀闪动的彩光吓退敌人。

"隐身术"

竹节虫无愧于"伪装高手"这个称号，它不但长得像树枝，还可以表现得跟树枝一样。白天，它待在草叶或树枝上，可以长时间一动也不动。微风吹来，它会随风轻轻摆动，让自己完美地融入到周围的环境中去。

假死

竹节虫受到惊吓的时候，会落到草丛中，一动不动，有的竟然会保持这种假死状态达到一个小时，这样一来，敌人会误以为它已经死了，因此而放弃。因为很多动物都不喜欢吃尸体。

昆虫秘密档案

竹节虫有一个很特别的本领，那就是有的雌虫不需要雄虫作伴侣，自己就能产卵，这种生殖方式叫孤雌生殖。

叶子虫是竹节虫的一种，它的身体扁平，很像树叶，上面还有叶脉一样的纹理，伪装技术更令人叫绝。

再生

竹节虫的本事可真多，它还能再生呢！瞧，它的腿关节中间有缝，当遇到危险的时候，竹节虫的腿很容易自行脱落。但是，别为它们担心，竹节虫的腿很快还能重新长出来。

昆虫秘密档案

有一种巨型竹节虫，它的身体竟然有 36 厘米长，看上去就像是一根长长的枯枝，它是身体最长的昆虫之一。

吸血善飞的牛虻

在昆虫家族中,牛虻(méng)算是个头比较大的成员,这并没什么特别的,但可怕的是,牛虻竟然吸血,这是怎么回事?快来自己找答案!

飞行迅速

牛虻的活动时间在白天,尤其阳光强烈的中午,那时候它们最活跃。它们擅长飞行,而且飞行的速度非常快。

动物名片

- 体长:约2厘米
- 食性:雌虫刺吸牛等牲畜的血液,雄虫吸取植物的汁液

吸血的坏家伙

别以为所有的牛虻都吸血,雄牛虻可没有这样的爱好,它们比较喜欢吸食植物的汁液。但是雌牛虻可就不好惹了,它们的嘴很尖锐,能够刺穿动物厚厚的皮。雌牛虻常常聚集在牛和马的身上,吸食它们的血液,只要几分钟,就能吸满一肚子血。

昆虫秘密档案

想要分辨牛虻的性别?看它们的眼睛就能知道。雄牛虻的两只眼睛在中间是有相接部分的,而雌牛虻的眼睛中间是隔着一段距离的。

威武强壮的独角仙

独角仙力气特别大,能够拉动比自己身体重很多倍的东西,堪称昆虫界的"独角大王"。

头上一只角

独角仙的体形较大,头上长着一个大大的角,顶端还有分叉,十分雄壮有力。不过只有雄性独角仙才长着角,雌性独角仙不仅体形相对较小,而且头上也没有角。

当树木受伤时,伤口会流出汁液,那可是独角仙最爱的美味。如果有熟透的水果,独角仙也会毫不客气地吃进肚子里。

动物名片

- 体长:3~10厘米
- 食性:植食(树木伤口处的汁液,或熟透的水果)
- 分布:中国、朝鲜、日本等地

小独角仙出生了!

　　雌独角仙怀孕后会去寻找一个合适的产卵地点。它们也许会选择在一根朽木下的土壤中产下自己的小宝宝,因为这里含有丰富的有机质。独角仙的卵是乳白色、椭圆形的,它们会渐渐变得更大更圆,并孵化成小幼虫。随后,小幼虫们会变成蛹,然后才会羽化成为和爸爸妈妈一样的独角仙成虫。

叩头求饶的叩头虫

有这么一种小虫子,当落入敌人手里的时候,它们会叩头求饶。它们就是叩头虫。

逃跑

其实,叩头虫不断重复的叩头动作,不是在求饶,而是它们逃跑的方式。原来,叩头虫的前胸腹板上长着一个小突起,当它们的头胸部弯下的时候,这个小突起正好就巧妙地插进了胸部的一个沟槽中,当它们直起身子,小突起就被弹出了沟槽,而叩头虫就会趁机借着弹力高高地跳起来逃跑。

动物名片

- 体长:约2厘米
- 食性:植食性、腐食性、木食性,少数为肉食性
- 分布:全世界

善于跳跃的寄生者——跳蚤

跳蚤是会吸血的寄生虫,无论雄性还是雌性,吸起血来都绝不含糊。想知道这些可怕的小家伙身上有什么秘密吗?嘘,让我们一起来看看!

跳蚤什么样?

跳蚤非常小,它们通常都寄生在动物身上。跳蚤身上长着很多毛,触角又短又粗,嘴却十分锐利,可以方便它们吸血。因为长期过着寄生生活,跳蚤的翅膀已经退化了,但是后腿却十分发达。

跳跃达人

跳蚤的后腿很粗壮,这让它们拥有了非凡的弹跳能力,甚至可以跳过它们身长350倍的距离,真让人难以置信!跳蚤跳啊跳,跳到动物身上,它们就不会轻易离开了。

动物名片

- 体长:2~4毫米
- 食性:肉食(血液)

昆虫秘密档案

跳蚤虽然小，但是却有着非常坚韧的外壳，这可以有效地保护它们。可别小瞧这层"保护衣"，据说它可以让跳蚤承受比自身的体重大 90 倍的重量呢。

长着"象鼻子"的象鼻虫

象鼻虫是昆虫世界中种类最多的一群成员,它们长得非常有特点,绝对让你见过一面就不会再忘记。快让我们开始寻找象鼻虫的旅程吧!

动物名片

- 体长:0.1~10厘米
- 食性:植食(以花粉为食,幼虫以腐烂的花为食)
- 分布:全世界

幼虫在哪里

这里有一只怀孕的雌性象鼻虫,它即将产卵。瞧,它用自己长长的口器在植物上钻出一个小洞。雌性象鼻虫就把小宝宝产在这个小洞里。象鼻虫幼虫的身体是淡黄色的,头部非常发达,能够在植物的茎内甚至根内钻来钻去,并进行蛀食。

长着"象"鼻子

象鼻虫最明显的特征就是长着一个"长鼻子",几乎能占到身体的一半。不过,你知道吗?其实那并不是象鼻虫的鼻子,而是它们的口器,象鼻虫就是用它吃东西的。

昆虫秘密档案

象鼻虫是害虫,而且还是对食物非常专一的害虫,很多成员都主要危害一种植物:谷象鼻虫主要危害谷物,棉花象鼻虫则主要吃棉花的芽和果实……

会"隐身术"的中华剑角蝗

你听说过"扁担沟"吗?它是一种昆虫,学名叫"中华剑角蝗"。它们外表虽然不起眼,隐身术却十分了得。

你找不到我

中华剑角蝗那绿色的"外衣"能与草丛很好地融合。敌人来犯时,这些家伙只要趴在草叶上一动不动,就可能躲过一劫。

动物名片

- 体长:8~10厘米
- 食性:植食
- 分布:中国各地

昆虫秘密档案

中华剑角蝗是植食性昆虫,但特别爱吃植物的叶子,经常把玉米、水稻、谷子等农作物的叶子咬得遍体鳞伤,因此它们也是令人讨厌的害虫!

爱挖洞穴的蝼蛄

蝼蛄又叫拉拉蛄，生活在泥土中，是一群有名的坏家伙，喜食农作物的嫩茎。

动物名片
- 体长：2~5厘米
- 食性：植食（如蔬菜、农作物）
- 分布：全世界

害虫

蝼蛄喜食刚发芽的种子，危害幼苗。它们不但能将地下嫩苗根茎啃食成丝丝缕缕的样子，还能在植物根下开掘隧道，使根部脱离土壤，失水枯死。

昆虫秘密档案

欧洲蝼蛄是世界上最大的蝼蛄。它们前足宽大，前足上的牙齿很多，非常适合挖掘洞穴。

喜欢黑暗的地鳖

地鳖其实很常见，如果我们来到用土盖的房子附近，在墙根周围的土里，就能看到它们的身影。

喜欢黑暗

地鳖生活在阴暗潮湿的土壤中，它们害怕阳光，喜欢黑暗。白天的时候，它们会躲起来，等到夜晚来临，才会活跃起来。

昆虫秘密档案

地鳖的身体扁扁的，全身呈棕黑色。雄性的地鳖长着翅膀，没有翅膀的是雌性地鳖。

动物名片

- 体长：1.3~3厘米
- 食性：杂食（喜食新鲜的食物）

天生的陶匠——黄蜂

哇！真的没想到，黄蜂居然还是个陶艺家。告诉你个秘密吧，其实它们制作的陶艺罐是一个育儿室，里面住着小黄蜂。

准备开工

黄蜂妈妈在产卵之前，通常会不辞辛苦地制作一个陶罐。它们先选一个小泥球，把自己的唾液混合进去，将它弄成一个空心球。接着，黄蜂妈妈就会像陶艺家一样，用自己的触角和脚一点点地做出陶罐来。最后，它们会在球顶留下一个小开口，这样，一个完美的"陶罐屋"就制成了。

动物名片

- 体长：约2厘米
- 食性：杂食（如花蜜、其他昆虫）
- 分布：全世界

储存食物

"陶罐屋"制成以后,黄蜂妈妈还要去捕捉食物。一般情况下,毛虫是它们的最佳捕食对象。将毛虫麻痹以后,黄蜂妈妈会将毛虫带回来。因为陶罐口很小,要把毛虫一点一点地塞进去。

繁殖后代

等食物准备得差不多的时候，黄蜂妈妈会在陶罐里产下一枚卵。不过，这枚卵可不是随意放在陶罐里的，那样有可能被毛虫吃掉。黄蜂妈妈会将卵用线挂起来，等卵变成幼虫以后，毛虫早就饿死了。这样，黄蜂幼虫就有了丰富的食物。做完这些工作以后，黄蜂妈妈会用一个更小的泥球将罐口封死，然后离开再建一个新的"育儿室"。等黄蜂幼虫发育长大后，就会拱破罐口到外面生活。

水中霸王——田鳖

在很多人的印象里，田鳖只是一种水生昆虫，可是谁能想到，这种名不见经传的小虫，竟然能捕食比自己大很多倍的鱼类，也难怪大家叫它"水中霸王"了。

动物名片

- 体长：5~12厘米
- 食性：肉食（如小鱼、小虫）
- 分布：亚洲、美洲

爸爸的背好温暖!

繁殖期间,雌田鳖与雄田鳖交配后,会将一颗颗卵产在雄田鳖背上,由田鳖爸爸照顾后代。在孩子们出生之前,爱子心切的爸爸走到哪里就把它们背到哪里。

胃口真大!

田鳖虽然其貌不扬,捕食能力却不容小觑(qù)。它们常常潜伏起来,静静地等待猎物出现。当目标进入田鳖的捕猎范围,它们就会悄悄地接近,趁机向猎物体内注射一种"溶解酶",这种液体能让猎物很快失去反抗能力。这时,田鳖再趁机过去吸食猎物的体液。

昆虫秘密档案

田鳖的捕食技巧练得炉火纯青,它们的防御术同样出色。当遭遇强敌时,田鳖会果断"装死",让自己逃过一劫;或是从肛门里喷射出一种液体,使意图拿它们充饥的捕食者失去胃口。

建筑大师——白蚁

尽管白蚁与蚂蚁相似,但二者并没有太大的亲缘关系。不过,白蚁倒是蟑螂的近亲。白蚁们生活在一个庞大的群落中,成员之间各有分工。因为白蚁食性复杂,对农作物、建筑房屋毁坏严重,通常被视为害虫。

动物名片

- **体长**:工蚁约0.1厘米;兵蚁约1.2厘米;蚁后约14厘米
- **食性**:杂食(如菌类、植物、木材、布匹、砖及白蚁尸体、幼蚁等)
- **分布**:除南极外的世界各地

白蚁的等级制度

与蜜蜂一样,白蚁也有严格的等级制度。在白蚁群中,蚁后和蚁王占绝对的主导地位,它们只负责繁育后代。而工蚁就比较辛苦了,需要负责建造蚁堆、寻找食物和照顾后代。至于身体强健的兵蚁,则肩负着保卫家园的神圣使命。

教堂式建筑

在一些地方,我们能看到高达数米的蚁堆,极像风格鲜明的西式教堂。蚁堆是白蚁们共同用泥土和唾液混合建造的。这种建筑布置讲究,通风良好,最重要的是非常安全。蜘蛛、蚂蚁和蜥蜴要想突破高大的城墙,入侵白蚁群,几乎是不可能的。

蚁后在逐渐成熟的过程中,腹部也会慢慢变大。只有这样,它才能产下更多的卵。据统计,一只蚁后一天就能产下2000多枚卵。

轻盈的舞者——水黾

水黾（mǐn）是有名的"芭蕾舞者"。它们在水面上行走时如履平地，而且还能保证自己不被弄湿。可见，它们的水上轻功有多么出神入化！

动物名片

- 体长：8~22毫米
- 食性：肉食（如昆虫、虫尸或其他动物碎片等）

捕食

水黾外表看起来有些瘦弱，但它们的捕食效率却很高。平时，水黾匍匐在池塘水面上，如果有昆虫不慎落入水中，水黾腿部的器官就能感知到猎物所在地。然后，它们会快速向目标靠拢，过去吸食这些昆虫的体液。如果水黾在捕猎的过程中发现鱼类的尸体，它们也会赶紧上前，饱餐一顿。

水黾的身体瘦弱，腿脚又细又长，当它们趴在水面上时，可以分散身体重量。

水黾的腿上长有带油质的细毛，可以起到防水作用。

噪声之王——划蝽

宁静的池塘突然传来一阵嘈杂声,这声音究竟是谁发出来的呢?如果你仔细寻找,说不定就能发现划蝽的身影。划蝽是自然界有名的"高音歌唱家",但是它们的声音并不怎么动听!

动物名片
- 体长:4~12毫米
- 食性:杂食(如藻类、小生物)
- 分布:世界各地的静水或缓慢流动的水体

游动

身体小小的划蝽是怎么在水面游动自如的呢?科学家们通过研究发现,这完全归功于它们那扁扁的后足。当划蝽摆动后足划水时,后足与水之间会产生一种反作用力。它们就是利用这种反作用力前进的。

噪声

划蝽是昆虫中有名的"大嗓门",它们的声音有时可高达100分贝,你一定想不到这震耳欲聋的声音是由身长几毫米的划蝽发出的吧。划蝽长着头发丝一样细的外生殖器,它们就是用外生殖器摩擦下腹产生声响的。如果按身体比例来算的话,划蝽应该是世界上声音最大的动物了。

当划蝽在水中把后足呈"一"字摆开时,加上翅膀的浮力,它们就能像"潜艇"一样垂直浮出水面。

长着怪眼睛的突眼蝇

突眼蝇的眼睛长在两根长柄上。眼柄很长，很容易被误认为是它的触角。

比眼大赛

繁殖期间，雄性突眼蝇经常上演比眼大赛，不过一般都是那些眼柄宽阔的突眼蝇能获得雌性青睐。而那些落败的雄性突眼蝇也不会气馁，它们会继续寻找挑战者，直到将对方比下去为止。

动物名片

- 体长：0.7~1厘米
- 食性：杂食（如菌类、腐烂的植物等）
- 分布：亚洲东南部